CATASTROPHES

HUBERT BEN KEMOUN

CATASTROPHES

Flammarion jeunesse

Illustration de Couverture de Zelda Zonk

82, rue Saint-Lazare – CS 10124 – 75009 Paris
ISBN : 978-2-0804-1841-8

Pour Nicolas et Nathan
HBK

1 

Ce qu'on dit...

— Ils sont millionnaires tes parents ?

J'ai sursauté.

Assis sur la chaise en plastique, j'ai regardé le policier du coin de l'œil pour vérifier s'il ne me faisait pas une sorte de blague. Mais, dans un commissariat, l'ambiance ne devait pas être trop souvent à la rigolade.

— J'ai rien fait de mal, monsieur ! Je vous jure, j'ai rien fait de mal !

— Premièrement, c'est devant le juge qu'on jure, deuxièmement ce n'est pas la réponse à la question que je viens de te poser, il m'a balancé sèchement.

Étant donné le ton et sa grimace, non, ce type ne cherchait à m'amuser.

Dehors, dans la ville, hurlaient sans arrêt les sirènes des ambulances et celles d'autres véhicules de secours, celle de la police aussi. Cela ressemblait à la bande-son d'un film catastrophe, réglée trop fort, sans la moindre pause. Sauf que ce n'était pas un film, encore moins un enregistrement. C'était du vrai, dehors ! De vrais blessés qu'on emmenait vers les hôpitaux, de vraies flammes que les pompiers terminaient d'éteindre. Alors pour les blagues et les parties de rigolade, ça n'était vraiment pas le moment et certainement pas le lieu.

Quand on m'avait embarqué et que l'on m'avait conduit ici, en traversant les couloirs, j'avais parfaitement senti les regards hostiles qui pesaient sur moi. Si lourds. Les murmures qui disaient : « C'est lui ! C'est le gamin responsable de tout ce bazar », et j'ai pensé aussitôt que personne au monde n'était plus fichu que moi, aujourd'hui. Personne.

— Je répète calmement, mais ne joue pas l'idiot avec moi : Ils sont millionnaires tes parents, Alexandre Martineau ?

Je ne sais pas à quoi je m'attendais, mais certainement pas à ce genre de question de la part d'un flic. Surtout pour commencer mon interrogatoire.

J'avais imaginé qu'il allait me demander si je me rendais compte de la situation. Un truc de ce style. Je m'attendais aussi à ce qu'il veuille que je lui confirme mon nom, mon âge et mon adresse. Un peu comme la fiche qu'on avait remplie à la première heure de notre entrée au collège, cette année. Le prof principal qui nous avait accueillis pour nous donner notre emploi du temps, nous avait seriné au moins dix fois que c'était terminé de chez terminé « l'école primaire ». Comme si on ne le savait pas. Il avait ramassé nos feuilles de renseignements et avait trouvé drôle d'ajouter : « Ces copies-là ne sont pas notées mais ce seront bien les seules de toute votre année ! » Personne n'avait eu envie de rire.

Mon identité, je l'avais déjà fournie à ses collègues quand j'avais été arrêté, mais le policier, il me demandait si mes parents étaient blindés de fric. Et visiblement, c'était une vraie question qui attendait une vraie réponse.

— Pardon ? j'ai tout de même demandé, comme si je n'avais pas bien compris.

— Je pense que tu as parfaitement entendu, mais si tu la veux en stéréo, ma question, je te la répète : Tes parents... tu vis avec tes deux parents ? Parce que là, on essaye de prévenir ta mère. Elle arrivera quand elle pourra, et comme elle pourra, étant donné le bazar indescriptible en ville...

— J'ai rien fait de mal, m'sieur !

Il a fait comme s'il n'avait pas entendu ma protestation.

— Et donc, pour ta mère, je ne sais pas quand elle va se pointer. C'est pareil pour l'inspectrice de la brigade des mineurs. Elle aussi profite des embouteillages monstres que tu as... que tes exploits ont... Bon, elles arriveront quand elles pourront. Alors on va commencer à causer tous les deux, sans elles. Je répète ma question une dernière fois : Tu vis avec tes deux parents ? Et histoire que les choses soient bien claires entre nous, j'aime bien qu'on réponde rapidement quand je demande quelque chose !

— Oui, monsieur...

— Oui quoi ?

— Oui, j'ai bien compris et oui, je vis avec mon père et ma mère, dans le quartier Beausoleil, Tour Berlioz.

— Donc, je répète, ils sont millionnaires ? Ils ont touché le jackpot de l'Euromillion ? Enfin, ils ont beaucoup d'argent ?

— Non, on ne peut pas vraiment dire ça... j'ai murmuré en plongeant tristement mon regard vers les lacets de mes converses.

Elles étaient plutôt pourries mes pompes. Et elles l'étaient déjà avant que tout cela n'arrive. Sauf qu'à présent, elles étaient déchirées et brûlées à plusieurs endroits et aucun nettoyage, pas même les prouesses d'un cordonnier magicien, ne pourraient plus les sauver ou leur rendre un aspect présentable.

J'ai repensé à la discussion de la semaine dernière quand, au dîner, je m'étais plaint en montrant les longues déchirures sur les côtés de mes baskets. J'avais argumenté que par temps de pluie, elles se transformaient en aquarium. Papa s'était cru marrant en déclarant que je n'avais qu'à éviter de marcher dans les flaques d'eau, et que si je n'y arrivais pas, je pouvais toujours élever des saumons sauvages dans mes tennis, parce que le saumon, pas celui d'élevage, c'était super bon et que ça coûtait super cher. Papa a l'art de se croire très drôle, surtout quand il ne l'est pas... Maman s'était contentée de déclarer qu'il faudrait attendre le mois prochain, ou le suivant pour m'en acheter de nouvelles. Elle avait ajouté qu'elle irait tout de même faire un tour au dépôt frip-fripon, pour voir si elle trouvait des chaussures à ma taille et à la mode.

Je n'avais pas osé lui dire que les vêtements et les chaussures de cette solderie étaient à la mode à l'époque où mamie avait mon âge. Ni elle ni mon père n'auraient apprécié.

— Tu as idée de ce que ça va coûter, toute cette histoire ?

Ne pas répondre. Surtout ne pas répondre !

J'ai gardé mes yeux rivés sur mes chaussures minables.

— À la louche, parce que pour l'instant les comptes ne sont pas faits, il y en a pour plusieurs centaines de milliers d'euros. Sans doute beaucoup plus. Je ne te parle pas de la coupure de courant monstre dans tout le centre-ville et du reste. De tout le reste. Les voitures, l'incendie, le musée, les magasins... Tu veux qu'on détaille ?

— Mes parents n'ont pas toujours de quoi finir le mois. Chez nous, on le termine souvent en mangeant des pâtes, j'ai dit pour résumer ma situation.

C'était toujours pour des histoires d'argent que commençaient les disputes entre papa et maman. Toujours. Mais ça, je n'ai pas jugé bon de le préciser au policier.

— Alors tu comptes rembourser avec ton argent de poche ?

C'était sûr, ce type se fichait de moi ! Il s'amusait comme un chat qui a chopé une souris et se la passe de patte en patte avant de l'achever.

— J'ai pas d'argent de poche. Des fois, j'ai juste le droit de garder la monnaie du pain. C'est tout.

— Alors t'es mal, Alexandre. T'es très très mal ! a répliqué l'autre en grattant une plaque d'eczéma ou d'urticaire sur le dos de sa main.

J'ai pensé que mon père avait les mêmes plaques aux jointures des doigts, et aussi sur les mollets.

— Je ne vois pas pourquoi je serais mal. Je n'ai rien fait !

Il a haussé les épaules. Des cambrioleurs pris la main dans le sac et qui osaient jurer, sur ce qu'ils avaient de plus sacré, qu'ils étaient innocents, il avait dû en voir des wagons entiers. Sauf que moi, c'était vrai que je n'avais rien fait... enfin, je crois.

Tout à coup, j'ai eu quand même un doute.

Sur ma chaise, j'ai glissé ma main dans la poche de mon pantalon. Juste pour vérifier que je n'avais pas perdu son contenu. C'était toujours là, mais ça ne m'a pas vraiment rassuré.

Sans plus se préoccuper de moi, il s'est levé difficilement de son fauteuil. Ce flic avait peut-être coffré des armées de trafiquants, coursé des flopées de bandits, placé derrière les barreaux des hordes d'agresseurs, mais les dizaines de kilos superflus, il n'avait jamais réussi à les arrêter. Son bide débordait si bien de la ceinture de son pantalon en velours côtelé, qu'on pouvait penser à une grossesse presque à terme. Dans une autre situation, je lui aurais demandé s'il attendait un garçon ou une fille, mais là, j'ai évité ce genre de vanne. Chaque mouvement lui coûtait un effort qui le faisait souffler et transpirer comme un bœuf. Il a installé en face de moi un trépied sur lequel était vissée une petite caméra qu'il a eu toutes les peines du monde à brancher sur le port USB de son ordinateur. Une fois revenu dans son fauteuil, il a pris son temps pour vérifier que tout fonctionnait convenablement.

— Tu as douze ans, c'est bien ça ?

— Presque, monsieur, dans un mois, le 24.

— Comme tu es mineur, cette audition doit être filmée, Alexandre. Tu comprends ?

En plus d'un dangereux terroriste malfaiteur, il me prenait pour un gogol.

— Oui, je comprends, j'ai répondu poliment, limite lèche botte.

Ça n'allait pas arranger ma situation, mais autant ne pas la détériorer davantage.

— C'est pas pour te donner un premier rôle dans un film.

Il s'est arrêté quelques instants et a ajouté, encore, que cet après-midi de fou en ville, on en ferait peut-être un long métrage, un jour.

J'ai évité de réagir. Je savais bien que ce n'était pas un compliment.

— Mais on n'en est pas là... Non, pour la caméra, c'est la loi. Mais toi, visiblement, tu t'en fiches, de la loi, s'est-il cru malin d'ajouter tout en finissant de tripatouiller ses câbles et son clavier.

Je sentais les larmes prêtes à inonder mes yeux. J'ai serré les dents et ressorti ma main de la poche de mon pantalon. Il était déchiré à plusieurs endroits, brûlé aux genoux et sale de poussière et de cendres. Même pour en faire des chiffons, maman n'en aurait pas voulu. Ne pas pleurer, ne pas offrir ce genre de cadeau au policier.

— Non, monsieur, je ne me fiche pas de la loi, j'ai murmuré sans fondre en larmes.

— Tu as déjà parlé avec mes collègues quand ils t'ont arrêté, mais on va tout reprendre à zéro, et sans oublier le moindre détail, tu as bien compris ?

Gogol ou débile, ou les deux… Ou alors il voulait tout bien faire comme il fallait, mais à chaque mot, il m'enfonçait encore plus.

— Voilà, c'est en route. Il a fait avant de déclarer comme pour un générique : *Nous sommes le mercredi 16 avril, il est 17 H 25 et je vais procéder à l'audition d'Alexandre Martineau, 11 ans et demi, qui a été interpellé cet après-midi par la patrouille de la sécurité urbaine. La mère de l'enfant a été prévenue et devrait arriver pendant cette audition qui va commencer avec moi, brigadier-chef Saint-Lazare, et qui sera intégralement filmée et enregistrée.*

Il fixait la caméra et s'adressait à elle comme s'il était en train de passer un casting. Mais il était si maladroit et si hésitant qu'il n'y avait aucune chance pour qu'il obtienne un rôle dans la prochaine série sur les plateformes de streaming.

Je ne l'ai pas dit. Je n'étais pas non plus son agent ou son prof de théâtre.

— Bien, je t'écoute, jeune homme, raconte-moi ce qui s'est passé, il a dit enfin en me fixant.

— C'est... C'est à cause Fabien la Motte... je me suis lancé sans trop réfléchir. Celui qui était sur les affiches...

— Stop ! Surtout ne commence pas en me racontant que c'est la faute de quelqu'un d'autre !

Il avait haussé le ton, à la limite du cri. Le ton était sans appel. Il avait accompagné sa phrase d'un coup nerveux donné sur la table. Son annulaire était serti d'une chevalière épaisse couronnée d'une grosse pierre taillée, c'est elle qui avait claqué sur le plateau stratifié du bureau.

— C'est pas ce que je voulais dire monsieur, j'ai murmuré.

— C'est pourtant ce que je viens d'entendre, il a fait, toujours aussi sec mais moins fort.

Je ne mentais pas. Je le pensais vraiment, que si tout cela était arrivé, c'était aussi à cause de cet imbécile de Fabien. De moi, bien entendu, mais aussi de cet idiot de crapule de frimeur. J'ai préféré ne pas insister.

Là les larmes se sont lâchées. Du costaud. Un vrai torrent. Le Mississippi, à côté, c'était juste une fuite d'eau.

Elles ont dégouliné sur mon visage encore plein de poussière et aussi sur mes habits déchirés et brûlés. On s'était contenté de me poser un pansement, vite fait, sur le bas du cou. Ça avait saigné, mais ce n'était pas profond. En séchant, une croûte s'était sans doute formée et commençait à me démanger, mais je me suis contenté de frotter un peu, pas plus. Je devais avoir une très sale allure, entre le clochard et le rescapé d'une catastrophe aérienne, mais le flic en face n'y a fait aucune allusion. J'ai pensé que des paumés de la vie ou des victimes d'accidents, il devait avoir l'habitude d'en croiser ou d'en recevoir des légions.

Dehors, les sirènes beuglaient toujours.

— C'est... c'est difficile à raconter, j'ai réussi à déglutir. Et... et je ne suis pas sûr que vous allez me croire.

— Et bien essaye toujours...

— On... On est allé à la fête foraine...

— Ça je le sais, c'est dans ce coin qu'on t'a arrêté. Et puis, il y a des témoins qui t'ont vu ! Et pas qu'un seul témoin... Mais justement qu'est-ce qui s'est passé, à la foire, mon petit bonhomme ?

2

CE QU'ON NE DIT PAS...

Je ne lui avais pas menti, au brigadier-chef Saint-Lazare, en parlant de Fabien la Motte.

Même si j'étais responsable en partie – et je dis bien « en partie » ! – de ce qui s'était passé cet après-midi, ce sale imbécile aurait également eu des comptes à rendre à la police. Mais je sentais que le flic en face de moi, avec son nom de gare de Monopoly, avec sa grosse chevalière et ses kilos en trop, n'aurait pas compris. Ni à propos de Fabien, ni si j'avais parlé de sa jolie cousine Vanessa.

Il faut que j'explique mieux.

La bouille de Fabien la Motte, c'est bien simple, elle était partout de chez partout sur les affiches en ville ! Elle éclatait sur les sucettes lumineuses des abribus, sur les grands panneaux publicitaires à l'entrée des centres commerciaux. Et qu'on le veuille ou pas, on tombait dessus dans la rue parce qu'elle était aussi collée à l'horizontale sur les flancs de nombreux bus.

Ce n'est pas que j'étais jaloux, ou alors juste un peu. Non, c'est que Fabien la Motte, je le déteste !

C'était ainsi depuis la maternelle. Ça avait commencé quand il m'avait arraché une touffe de cheveux grosse comme une soucoupe de tasse à café, sous prétexte que j'étais amoureux de sa cousine Vanessa. Selon cet imbécile, c'était lui qui devait se marier avec elle quand ils seraient plus grands ! C'était sans discussion possible. Et je ne suis même pas sûr qu'il ait demandé son avis à l'intéressée. Fabien me l'avait répété en criant des insultes et en postillonnant tous ses microbes et ses virus, après m'avoir mis par terre en serrant mon cou de toutes ses forces, pour que je comprenne bien. Depuis, entre nous, ça n'a été qu'en empirant.

La maternelle, on y était déjà ensemble et aujourd'hui, au collège, on est toujours dans la même classe. À croire que les enseignants le font exprès ou n'ont rien compris, ou alors s'amusent comme ils peuvent. Ce garçon m'exaspère autant que je l'énerve. Question résultat scolaire, il n'est pas meilleur ni moins bon que moi, on est dans la même moyenne ; mais question frime, la Motte est champion du monde toute catégorie. C'est le genre de garçon qui prétend avoir tout vu, qui a toujours un avis à donner, qui sait tout avant tout le monde et qui la ramène à longueur de temps, même quand on ne lui a rien demandé.

Alors, que sa tronche souriante ait été choisie pour faire la promotion de la grande foire de printemps qui s'installait sur la place d'Armes, ça ne risquait pas de calmer les roues de ce paon.

Si, en fin de compte, j'étais super jaloux !

À LA FOIRE DE PRINTEMPS...
ON S'ÉCLATE TOUT LE TEMPS !!!

Disait le slogan de l'affiche en grosses lettres majuscules.

Le pire, c'est que je ne pouvais même pas me moquer de Fabien et prétendre que cette foire était nulle ou que cette campagne d'affichage était ratée. Et cela pour deux raisons.

La première c'est que, comme tous les copains et copines, je ne rêvais que d'une chose : aller passer des journées entières dans ces toboggans d'enfer, ces manèges incroyables et tout le reste des attractions géniales qu'on y trouvait.

La seconde raison, c'était qu'à côté de la bouille de cet abruti de Fabien la Motte, sur les affiches, il y avait le joli visage d'une fille, toute aussi souriante et pas moins joyeuse. Cette beauté, c'était justement Vanessa Pinceau, la plus belle fille de l'école, du quartier, et sans doute de la ville. Hélas, comme je l'ai dit, c'était aussi la cousine de l'autre crapule, celle qui m'avait valu un scalp de cheveux et un étranglement à l'âge de 4 ans.

Vanessa est dans une autre classe de sixième de notre collège, et je lui quémande toujours un sourire ou un regard amoureux quand je la croise, seulement elle ne me calcule jamais. Quand, en CE2, pour la St Valentin, sans me préoccuper de son taré de cousin, je lui avais offert un bouquet de tulipes acheté avec le peu de mon argent de poche économisé pendant des semaines, elle avait jeté mes fleurs dans la poubelle devant la grille de l'école, sous les yeux de tous les élèves qui attendaient l'ouverture et ceux de leurs parents.

J'aurais pu laisser tomber, mais je n'y arrive pas. Et puis j'avais tellement besoin de donner tort à son idiot de cousin.

Aujourd'hui, je suppose que Fabien a enfin compris qu'il ne se marierait jamais avec cette merveille aux yeux bleus comme des lacs de montagne, aux boucles châtain foncé comme les baguettes tradition bien cuites que je remonte de la boulangerie. Avec les années, il a dû intégrer ça, enfin, j'espère pour lui. Mais je le soupçonne d'avoir passé une sorte de contrat avec sa cousine Vanessa. Un pacte du style : « Tu accordes des sourires et même des câlins à qui tu veux, mais pas à mon ennemi juré, Alexandre Martineau. Jamais ! »

Qu'ils soient ensemble sur les affiches de la grande foire n'est pas compliqué à comprendre. Le père de Fabien est le directeur de l'agence de communication qui a remporté la campagne de promotion de cette foire, et la mère de Vanessa n'est autre que la numéro deux de cette agence. Ces deux-là avaient choisi les trombines de leurs propres enfants... Ça restait dans la famille.

Évidemment, avec cette satanée campagne, toute la cour de récré s'agglutinait autour de cette andouillette mal cuite de Fabien et de cette pure émeraude de Vanessa. Bon pour l'andouillette et la pierre précieuse, je ne suis pas sûr de l'image. Disons que mes camarades tournaient autour d'eux comme des abeilles autour d'un jus de fruit trop sucré. Tous mes copains avaient l'espoir qu'en s'approchant de mon ennemi et de sa cousine, cela leur donnerait le droit à des billets gratuits pour les manèges. Ce qui est aussi débile que Fabien. Sauf que lui prenait des postures de souverain, un peu comme si cette grande foire était dorénavant la sienne. Son domaine, son territoire, son royaume. En rab, il répétait dans mon dos qu'il n'y avait pas intérêt qu'on m'y retrouve, ou des menaces de ce style. En gros, que cette foire, il ne fallait pas la confondre avec un cirque pour un clown tel que moi. Et bien sûr, plus il le répétait, plus j'avais envie d'y aller.

Notre rivalité devenait du n'importe quoi de chez n'importe quoi, mais tout cela, je ne l'ai pas expliqué au flic, il n'aurait pas compris.

3

Ce qu'on dit...

— Donc, tu vas à la foire ce mercredi. Tu y arrives à quelle heure ? Tu y vas seul ou avec des amis ?

Le ton du brigadier-chef Saint-Lazare paraissait calme. Ne pas s'y fier. Il était toujours le chat, certain de sa victoire, et moi, définitivement la souris qui n'avait aucune issue pour en sortir vivante. Même innocente, la souris termine dans le ventre du matou.

— On y est allés en tramway, avec Ludo et Lucas, deux copains de ma classe. On y était en début d'après-midi, vers 14 heures, je crois.

Le flic jouait avec sa grosse bague, s'amusant à la faire tourner sur son annulaire. Là aussi, il avait une petite plaque d'eczéma, avec plein de crevasses tirant sur le roux, mais ce n'était pas le moment de lui dire qu'à mon avis, sa chevalière, c'était peut-être pas vraiment de l'argent, et que s'il voulait mener une enquête pour ses démangeaisons, c'est peut-être par là qu'il fallait chercher.

— Et donc ?

— On a d'abord fait un tour de toute la place et de toutes les allées, histoire de ne pas se tromper dans les manèges et les attractions qu'on allait se payer. Parce que même si ce mercredi, c'était la journée à demi-tarif, la foire, ce n'est pas donné. Ça représente un joli budget. On ne voulait surtout pas être déçus. Et puis c'était la première fois que nos parents nous permettaient ce genre de sortie pour tout l'après-midi.

— Ah, c'est sûr qu'ils ne vont pas être déçus tes parents, Alexandre. Tu as offert à toute la ville un sacré tour de manège. Un train fantôme pareil, on n'y a pas droit tous les jours... En même temps, heureusement !

Celle-là, je ne l'avais pas vue arriver.

Comme un coup de poing, sa réflexion a fusé au-dessus du bureau pour m'atteindre en pleine figure. Un missile de tricheur, qui, l'air de rien, m'a laissé sonné pendant quelques secondes.

Le policier m'a laissé déglutir et a attrapé un stylo qui traînait devant lui, alors que depuis le début, il ne prenait aucune note, laissant à la caméra la mission de tout enregistrer. Il a tiré vers lui un bloc de papier, mais n'a rien écrit dessus, se contentant de jouer avec le poussoir du stylo. Ce cliquetis claquait peut-être exprès pour m'énerver, ou alors c'était pour lui, pour se calmer. Mon père, quand je l'énerve, et ça arrive souvent, il passe son temps à allumer et à éteindre son briquet jetable, mais ça ne l'empêche pas de m'envoyer dans ma chambre, en gueulant, avant que le réservoir de gaz soit vide.

— On a fait un tour. On voulait aussi voir s'il y avait des copains ou des copines qu'on connaissait et avec qui on aurait pu passer l'apr...

— Avec quel argent ?

Il m'a coupé net. Il avait encore des uppercuts en réserve. Ne pas l'oublier.

— Pardon ?

— Ne me fais pas répéter à chaque fois, Alexandre, je déteste ça !

— Mais non, je veux dire que je ne comprends pas pourquoi vous me parlez d'argent ?

— Réfléchis... Il y a un truc qui me chiffonne. Enfin, il y a tout un tas de trucs qui me chiffonnent, mais on va procéder dans l'ordre, même si on doit y passer toute la soirée et toute la nuit. Tu m'as dit que tu n'avais pas d'argent de poche, ou très peu. Tu comptais te les payer comment tes tours d'attractions ?

Toute la nuit ? Je n'ai pas pu m'empêcher de penser que demain, on avait un contrôle de géo et que j'allais peut-être le louper. Ça m'arrangeait, parce que les fleuves d'Europe, je risquais de m'y noyer, mais en même temps, l'idée de rester ici des heures me fichait une trouille bleue.

— Mamie ! C'est ma mamie ! j'ai lancé.

Parce que le policier semblait super gourmand de détails, j'ai aussitôt ajouté :

— Mamie, dimanche dernier, quand on est allés déjeuner chez elle. En douce de mes parents, parfois, elle me donne un ou deux billets en précisant que c'est un secret, juste entre elle et moi. J'avais reçu trente euros. Et puis...

J'ai hésité. Le brigadier-chef Saint-Lazare voulait des détails, mais je n'étais pas certain que celui-là soit essentiel à son enquête. Malheureusement je m'étais trop lancé. Avec son flair de chien truffier, le flic a senti une touche possible. Il a levé son stylo vers moi, comme une baguette de chef d'orchestre et a répété :

— Et puis ?

— Lucas... Il était d'accord pour me payer un manège jusqu'à dix euros... D'abord parce que chez lui, ils n'ont pas autant de problèmes de fric que chez moi, et aussi parce que c'était ce qu'on avait négocié au dernier contrôle de maths.

— Tu m'expliques !

— Il n'avait rien révisé. Tout un truc sur les fractions. On s'était mis d'accord. Je lui filais ma copie en douce pour qu'il recopie dessus ce qu'il voulait, et ça valait un tour de manège à dix balles. Franchement, je le lui aurais refilé pour rien, mon devoir et les résultats de mes calculs, mais c'est lui qui a proposé tellement il galérait en face des fractions et balisait pour sa moyenne. Bon maintenant, un tour à 10 balles, contre une remontée de notes, je ne trouve pas ça malhonnête. Ça vaut au moins ça.

L'info sur Lucas n'a pas eu l'air de le passionner beaucoup.

— Donc, vous faites votre tour de repérage, et ensuite ? Combien de temps, votre petit tour ?

— Une demi-heure. Enfin, je crois. C'est pas à la minute près, quand même.

— Fais pas le malin avec moi, Alex ! Tu veux que je te donne le nombre de personnes qui sont à l'hôpital à cause de toi ? À moins que tu ne considères qu'on n'est pas à un blessé près ?

L'air s'est mis à me manquer. Ses mots m'ont chopé en plein ventre ce coup-ci. Ma gorge brusquement s'est transformée en désert de sel. J'aurais donné toute ma collection de figurines « Warriors funny » pour un verre d'eau. Toutes, même la statuette du chef Orque que j'ai reçue à Noël et que j'ai mis deux semaines à peindre. En même temps, en prison, je ne risquais pas d'en profiter de mes figurines...

— On s'est beaucoup arrêtés pour évaluer les sensations, pour détailler les stands, j'ai réussi à dire. Pour regarder les gens hurler dans les toboggans et les autres attractions.

— Et ? Pas les montagnes russes ?

J'étais désespéré, assoiffé, assommé par les missiles que, l'air de rien, Saint-Lazare me balançait, mais je l'ai senti venir. C'était un piège.

— Non, monsieur, les montagnes russes, on ne le sentait pas bien. Bien sûr, on a regardé un moment les wagonnets filer à toute allure, et on a écouté les cris stridents des passagers à chaque descente, mais on était trois, avec Lucas et Ludo, et ces wagons on y montait par rangs de deux, on voulait surtout faire les trucs ensemble. Les montagnes russes, c'est presque plus drôle de les regarder que de les faire... Enfin, on s'est mis d'accord là-dessus.

— Et donc ?

— Et donc rien ! Avec les copains, nous n'étions pas tout à fait d'accord pour le choix des autres manèges. Lucas voulait faire le train fantôme et le labyrinthe des glaces, mais pas tout seul, parce que ce genre de trucs, comme je viens de vous dire, c'est tout de même plus marrant si on y va à plusieurs. Ludo, lui, ce qui le branchait absolument c'était le tir à la carabine. Il était persuadé qu'il allait remporter une peluche pour l'anniversaire de sa petite sœur. Il était aussi très partant pour les autos-tamponneuses, en plus le prix était moins cher et on pouvait en faire longtemps...

— Et toi ?

— Moi, j'étais d'accord avec tout ce qu'ils voulaient. J'ai juste dit que si Ludo remportait la peluche, ce qui était loin d'être gagné, il valait mieux qu'il joue les cowboys à la fin de l'après-midi pour ne pas avoir à se la trimbaler pendant toute notre virée. Mais oui, moi j'étais d'accord avec tout.

— C'est ça... Toi, t'es un gentil garçon ! Sauf que moins de deux heures après que tu te sois pointé à la foire, tu plonges la ville dans un chaos digne d'un film d'horreur, limite scène de guerre...

J'ai dégluti. Et pas seulement pour récupérer un peu de salive.

— Je n'ai pas fait ce que vous dites, m'sieur. Je ne suis pas un méchant, ni un terroriste...

— Tiens, tiens, pourquoi tu parles de terroristes ? Tu connais des terroristes ?

— Bien sûr que non, m'sieur, c'est vous qui...

— T'inquiète pas, on va y revenir.

— Je ne suis pas un méchant, j'ai répété, de plus en plus perdu.

— Ça c'est moi qui enquête pour le dire, mon bonhomme, et ce sont les juges qui trancheront. Continue !

Je n'y arrivais pas ! Plus du tout ! Qu'on me fiche en prison tout de suite et tout serait réglé.

— J'ai dit « continue », Alexandre Martineau !

J'ai inspiré comme j'ai pu, trouvé un peu d'air je ne sais où et j'ai repris, sans oser le regarder en face :

— On était au pied du Looping crazy fall. On avait regardé un bon moment ce truc de fous en se promettant que non, celui-là, c'était certain, histoire de finir l'après-midi vivants, ou du moins avec notre estomac et tout le reste bien à leur place, pas question qu'on se le fasse. On était heureux, libres, sans parents, mais pas totalement dingues. De toute façon, le Looping crazy fall était interdit aux moins de 13 ans, il n'était pas pour nous. Et justement, c'est alors qu'on s'apprêtait à s'éloigner de ce machin d'horreur qu'on a vu se pointer Fabien la Motte.

La bague de Saint-Lazare a claqué sur le plateau du bureau. J'ai sursauté.

— Encore une fois ? Fais attention, Alexandre Martineau ! Je t'ai déjà dit que tu ne t'en sortirais pas en chargeant quelqu'un d'autre. C'est parfaitement toi qu'on voit sur les vidéos de surveillance avec la canette de soda. Parce que ce manège, malgré ce que tu prétends, « non, on ira pas, c'est pas pour nous » tu y es monté et pas qu'un peu.

— Je ne prétends pas le contraire, j'ai réussi à articuler en tremblant. Je ne vous dis pas le contraire, m'sieur, mais...

Je n'en ai pas dit plus... Parce que là, j'ai pleuré. Moins que tout à l'heure, pas le Mississippi, plutôt la Loire, mais pleuré quand même.

4

Ce qu'on ne dit pas...

Cette patate de la Motte n'était pas seul quand on l'a croisé. C'est peut-être ça le problème. L'autre dindon se pavanait dans les allées de la foire en prenant des postures de propriétaire ou de chef de bande. Ou les deux. Autour de lui se pressaient trois copains du collège et aussi Vanessa, sa merveilleuse cousine, accompagnée d'une amie que je n'avais jamais vue.

À peine m'a-t-il aperçu au pied du Looping crazy fall, qu'il est venu se planter devant moi avec son air de défi. Une attitude supérieure qu'il adore tenir, et pas seulement dans la cour au bahut.

À cause des musiques des stands, des hurlements des passagers des montagnes russes et des autres attractions, pour bien se faire entendre, il a crié. Sans doute aussi pour m'en imposer un peu plus.

— Alors Martineau-zéabond, ta maman t'a laissé sortir de ton trou pour que tu puisses venir à la fête foraine ? C'est super ça ! T'as choisi la pêche à la ligne ou le manège des petits pour attraper la queue du Mickey ? Tu sais, c'est pas sûr que tu réussisses à la décrocher, ça va être super difficile pour un microbe comme toi...

— T'as mangé un clown pour être si drôle ? j'ai répondu, sans trop d'inspiration.

Moi aussi, j'avais haussé le ton pour paraître au niveau :

— Là-bas, ils font des chichis et de la barbe à papa. Mais ton estomac de petit coq ne supportera pas.

Les autres autour, Lucas et Ludo compris, assistaient amusés à cette battle improvisée. Ils comptaient les points, et moi, ridicule, au lieu de laisser tomber et filer ailleurs avec mes deux copains, je lorgnais, du coin de l'œil, le sourire amusé de Vanessa. Je me demandais s'il m'était adressé – il y avait peu de chance – ou s'il était destiné à soutenir les réflexions de sa crapule de cousin.

— Moi, un petit coq ? C'est ça que tu dis, cloporte ? Dans ce cas, t'es une petite poulette mouillée.

— Grand niveau... t'es vraiment impayable, la Motte. Arrête tes blagues, je suis mort de rire.

— Mort tout court me suffirait. J'étais sérieux, morpion ! Un trouillard comme toi, dans un endroit pareil, ça bave devant les manèges des grands, mais ça se cantonne aux marelles des petits.

— Devait pas être très frais, ton clown. T'aurais pas dû, tu vas être malade. Remarque, ça nous fera des vacances au bahut.

Ça ressemblait à nos joutes en classe. À présent, je sais que j'aurais dû m'éloigner et rejoindre les attractions que nous avions choisies, mais, aussi fier que moi, il a insisté.

— Tu causes, Martineau-sée ! Causer, c'est tout ce que tu sais faire. Je te parie ma canette de soda que t'as pas le cran de monter là-dedans, il a répliqué en désignant les pylônes vertigineux du Looping crazy fall qui se dressaient au-dessus de nos têtes.

— Je n'aimerais pas attraper tes virus, j'ai lancé, en haussant les épaules.

— Fais pas ta coquette, Martineau-croupie. J'y ai pas touché, a répondu l'autre faisan, en brandissant sa canette intacte sous mon nez.

J'ai regardé, méfiant. L'opercule était toujours sur le cylindre de soda. La canette était effectivement intacte. J'ai hésité.

Ce n'est pas pour ce fichu soda que j'ai cédé. Il y avait toujours Vanessa à quelques centimètres de lui, et j'ai lu dans ses beaux yeux qui me fixaient, qu'elle aussi, me lançait ce défi. Du moins qu'il lui convenait parfaitement. C'était clair, si je m'enfuyais, jamais, de toute ma vie, elle n'aurait le moindre respect pour moi. J'ai voulu croire que si je grimpais dans ce manège, elle m'envisagerait enfin différemment.

À ce moment-là, le coq, le faisan, le paon... n'importe lequel des volatiles de la basse-cour du jardin d'acclimatation, le plus crâneur, doté de grandes plumes colorées, ce n'était plus Fabien la Motte, mais c'était moi. La voilà, la seule vérité.

— Ce manège est interdit pour ceux de mon âge, j'ai tenté de négocier.

— Allons, Alexandre Martineau, tu ne vas pas prétendre que tu n'as pas le cran de tricher sur quelques mois avec le type de la caisse, a ricané l'autre empereur de la foire.

Même pas « Martineau-cif » ou « Martineau-made crève la faim », mais mon prénom et mon nom. La Motte était super sérieux. Aussi sérieux que le regard de sa cousine qui ne m'avait jamais autant évalué. Là, c'était sûr, je jouais ma réputation.

— Ok, mais si j'y vais, tu jures, là, devant tout le monde, que tu ne m'insultes plus une seule fois jusqu'à la fin de l'année et que tu reconnaîtras avoir perdu ton défi ? Tu jures !

— T'es dur en affaires, mon bichon, mais si tu veux, je jure !

De ma poche j'ai sorti mon billet de 5 euros et l'ai brandi fièrement, comme si je leur montrais le ticket gagnant d'une loterie. J'ai fait quelques mètres en direction du manège, mais je suis revenu sur mes pas.

— C'est bien ce que je pensais, t'es vraiment qu'un dégonflé, a triomphé la Motte en me voyant à nouveau devant lui.

Pour toute réponse, j'ai arraché la canette de soda de sa main et suis reparti vers le Looping crazy fall en me donnant un air conquérant et sûr de moi, alors qu'en vérité, je n'en menais pas large, vraiment pas large.

Il n'y avait qu'une personne devant moi, qui volait dans le ciel au-dessus de ma tête. Je n'ai pas attendu longtemps, mais c'est pendant ces quelques minutes, en sentant le regard des autres peser sur mon dos que j'ai ouvert la canette pour en boire une bonne moitié. J'avais soif, mais je voulais surtout me donner du courage et aussi tenir la posture du héros qui s'accorde une gorgée avant de se lancer dans l'arène pour un défi crucial.

Après tout, je l'avais quasiment gagné, ce soda.

Ça non plus, je n'aurais pas dû.

Elle est tellement longue la liste de choses que je n'aurais pas dû faire à ce moment-là...

5

Ce qu'on dit...

— Tu grimpes dans ton manège... Entendu... Explique-moi un peu plus précisément ce que c'est que cette attraction.

Le brigadier Saint-Lazare a demandé cela calmement. Il semblait ne pas y avoir de piège mais je restais sur mes gardes. S'il avait visionné des images des vidéosurveillances, il devait le savoir à quoi ressemblait l'un des manèges vedettes de la foire.

J'ai joué le jeu. De toute façon, je n'avais pas le choix.

— Ce sont trois grands pylônes de trente mètres de hauteur. Des sortes de gros élastiques y sont attachés avec chacun une nacelle individuelle. Les pylônes se mettent à tourner sur leur axe, doucement d'abord, puis de plus en plus vite, un peu comme une toupie. Alors on s'élève en volant super haut, tout en tournoyant, super vite. Et on bouge aussi, de bas en haut, à cause du système des élastiques et des vérins.

En face, le flic avait l'air de s'intéresser à ma description. C'était peut-être du flan.

— À la fois, ça tourne de plus en plus vite et ça monte et ça descend. Un truc dingue, pire que des centrifugeuses pour l'entraînement des spationautes, ou alors c'est dans des machines aussi folles qu'ils s'entraînent, je ne sais pas.

— Tu ne sais pas... Tu ne sais pas...

J'ai détesté sa façon trop douce de répéter mes derniers mots. J'avais raison.

— Seulement, moi je sais que tu m'as dit que ce manège « de fous », comme tu dis, était interdit aux moins de treize ans...

Pas de doute, ce brigadier-chef était un salopard de chat, et moi toujours autant une pauvre petite souris qu'il avait chopée.

— Oui, m'sieur et aux personnes cardiaques et aux femmes enceintes.

— Rassure-moi, Alexandre Martineau, tu n'es pas cardiaque ?

— Non, monsieur.

— Et enceinte ? Tu es enceinte ?

— Vous vous moquez de moi ?

— J'ai l'air de rigoler ?

— Non mais...

— Tu as 13 ans ?

— Non, m'sieur, pas encore.

— Donc, si je résume, tu mens au guichet pour obtenir une place ?

— La dame qui m'a vendu le billet ne m'a pas posé de question, ni le type qui m'a sanglé dans la nacelle.

— Tu mens souvent, Alexandre Martineau ?

— Je ne mens pas ! C'est vrai ce que je vous raconte. Je vous jure !

— Je te l'ai déjà dit, tu jureras devant le juge, pas avec moi ! Tu triches sur ton âge, moi j'appelle ça un mensonge.

— Ce n'est pas moi qui ai mis le feu au Musée des Beaux-Arts, ni moi qui ai...

J'ai abandonné ma phrase sans la finir. Protester ne servait à rien. Il allait continuer à me retourner dans tous les sens. Il avait flairé une faille et y enfoncerait ses griffes à sa guise. Il venait de m'annoncer que lui se contentait de me cuisiner à petit feu mais que c'est un juge au tribunal qui me savourerait en festin. Je n'avais aucune chance de m'en sortir.

Dans mon dos, se trouvait une fenêtre zébrée de barreaux, aux vitres sales, et tout à l'heure quand on m'avait mené dans ce bureau au premier étage, j'avais aperçu quelques instants les deux camions des chaînes de télé, surmontés de leurs antennes paraboliques. Combien y avait-il de journalistes à présent sur le parking devant le commissariat ? Sans doute beaucoup plus. Ils avaient rappliqué pour couvrir l'évènement de l'année, peut-être de la décennie, et pour compléter leurs images de la ville dévastée. Il leur fallait la tronche du dangereux gamin coupable, évidemment coupable, ou quelques mots du brigadier-chef Saint-Lazare qui avait procédé à son interrogatoire.

Et puis nous parvenaient toujours les sirènes de secours qui hurlaient, sans cesse. À force, je me suis rendu compte que je ne les entendais plus vraiment. Seulement, la seule idée de cette célébrité involontaire me terrifiait. D'ailleurs, tout me terrorisait à ce moment-là, ce flic autant que les catastrophes de l'après-midi.

— Mais, vois-tu, ce n'est pas ce petit mensonge au sujet de ton âge qui m'intéresse le plus aujourd'hui, Alexandre. Continue.

J'ai été surpris et j'ai dégluti le peu de salive qui me restait dans ma gorge en feu.

— Continue, Alexandre !

— Continuer quoi ?

— Ne me cherche pas, petit ! Surtout ne joue pas à ça avec moi ! Tu n'es pas chez le conseiller d'éducation de ton collège, ici ! C'est un commissariat et je peux te mener immédiatement devant un juge ! Tu grimpes dans ton manège. Je veux la suite.

J'ai osé soupirer, cela n'a pas eu l'air de lui plaire. Le brigadier Saint-Lazare s'est toutefois contenté de jouer avec sa bague sans recommencer ses percussions sur le plateau du bureau.

— J'étais harnaché dans mon siège et, comme un imbécile, j'avais ma canette de soda dans la main. Elle m'encombrait avant le grand saut, et j'allais la laisser tomber discrètement à mes pieds, sous la nacelle. Seulement, j'ai hésité quelques secondes, et bêtement, je me suis dit qu'il valait mieux la balancer vide, pour pas gâcher et aussi pour qu'elle soit moins lourde. Pour ne pas risquer de blesser quelqu'un.

— Ne pas risquer de blesser quelqu'un ? Tu n'as pas trop honte de dire ça ?

J'ai préféré ne pas répondre et j'ai poursuivi.

— C'est juste au moment où j'allais la finir, que l'élastique du manège m'a propulsé en quelques secondes à dix mètres à la verticale. La surprise, ça faisait partie de l'attraction. J'ai crié, et bien sûr, en valdinguant comme ça, je n'en étais plus trop à penser à boire un coup. Surtout qu'immédiatement en haut, les vérins ou je ne sais pas quoi dans le système, ont commencé à faire tourner la nacelle, dans un sens, puis dans un autre. Je n'étais rien d'autre qu'un caillou dans un lance-pierre. Si vous voyez ce que je veux dire.

— Et... ?

Oui, il voyait, mais il n'avait pas l'intention de me mâcher quoi que ce soit...

— La canette me gênait et mes doigts collaient à cause du soda qui m'avait bien éclaboussé. C'est bête, mais je ne pensais qu'à ça, au lieu de profiter du manège. À cette fichue canette. J'ai cherché à m'en débarrasser, mais je ne voulais pas blesser...

J'ai bien senti que je n'aurais pas dû répéter ça, mais je l'ai senti trop tard.

— Je te donne le nombre astronomique de personnes qui sont hospitalisées par ta faute ?

Ne pas répondre au chat quand il demande à la souris si elle a idée de ce qui l'attend...

— J'ai voulu la balancer pendant l'accalmie.

— De quoi tu parles ?

— Au milieu du temps de manège auquel on a droit, le mouvement sur le pylône s'arrête brusquement. Un peu comme si c'était tombé en panne, mais on est très très haut. Et après, pour le grand final, ça recommence mais de plus belle, et de plus en plus vite, et encore dans tous les sens... Je reprenais mon souffle pendant cette pause de quelques secondes, et toujours avec ma fichue canette, j'ai visé un bout de pelouse vide, au bord de la place d'Armes. Mais au moment où je l'ai balancée, le manège est reparti. D'un coup sec. Super violent. Mon tir a été dévié et la boîte a atterri sur un transformateur électrique à côté des montagnes russes. Pas du tout où j'avais compté la voir arriver.

— On va dire ça comme ça, pour l'instant, Alexandre...

— Je dis les choses comme elles sont, m'sieur ! J'étais reparti à valdinguer de haut en bas, à jouer les abeilles folles autour de mon pylône et au bout de mes élastiques. Drôlement vite ! Mais je vous jure, je ne pensais plus qu'à ça !

— À quoi ? Aux abeilles ?

— Mais non m'sieur, à cette canette dont le reste du contenu s'est renversé sur ce transformateur électrique, ce qui a provoqué un court-circuit. Il y avait un bonhomme juste à côté. Un gros bonhomme. Il s'était arrêté là et je l'ai vu retirer sa veste.

— Tu l'avais déjà vu ce type ?

— Ben non, bien sûr que non !

Elle était tellement nulle sa question. J'ai failli rire, mais ce n'était ni le moment, ni l'ambiance.

— Reste sur le bonhomme, ça m'intéresse.

— De ce que je me souviens, il avait une valise à roulettes avec lui. J'ai d'abord pensé que c'était un voyageur qui traversait la foire pour aller à la gare, juste derrière la Grand Place.

— Un voyageur ?

— Oui, c'est ce que j'ai pensé d'abord. Je viens de vous le dire, il avait une valise... mais c'était pas ça. Après, j'ai pensé que c'était un électricien, et ce que j'avais d'abord pris pour un bagage, c'était sa mallette d'outils pour réparer quelque chose sur cette grosse armoire électrique. J'ai pensé ça parce que je l'ai vu retirer sa veste, sans doute avant de s'atteler à son boulot d'électricien. Et puis, ce bonhomme était descendu d'une camionnette avant d'arriver au transfo. C'est quelqu'un d'autre qui conduisait, maintenant j'en suis sûr. Il y avait un autre type avec lui.

— Quelqu'un d'autre ?

— Ben oui, quelqu'un qui conduisait la voiture et qui est reparti après l'avoir déposé là.

— Et alors ?

— Eh bien, s'il avait un véhicule à sa disposition pour aller à la gare, il n'avait pas besoin de descendre ici. Ou alors, on l'avait pris en stop, ou bien, je ne sais pas moi, il voulait prendre son train après avoir mangé des churros ou une barbe à papa. Mais ça m'étonnerait, parce qu'il a retiré sa veste, je vous dis. C'est pour ça que j'ai vite pensé qu'il était technicien. Mais qu'est-ce que j'en sais, moi ? Je vous rappelle que pendant que je le regardais, j'étais toujours comme une bille dans un flipper géant.

— Je n'ai pas oublié...

— Seulement, étant donné ce qui s'est passé après, je me dis que c'était plutôt un technicien. Maintenant, vous savez, sur le moment je n'ai pas vraiment fait très gaffe à tous les détails.

— Continue, Alexandre.

— Le problème c'est que ça ne s'est pas arrêté là...

— Oui, je te le confirme, ça ne s'est pas arrêté là du tout...

— Je sais bien, m'sieur.

Saint-Lazare a recommencé à faire tourner sa grosse bague sur son annulaire. Tout doucement, comme si c'était la roulette d'un coffre-fort et qu'il cherchait un déclic particulier.

— Donc tu joues les billes de flipper après avoir balancé ta canette...

— Oui, m'sieur, c'est bête, mais c'est tout ce qu'on peut me reprocher, d'avoir jeté une canette ailleurs que dans une poubelle.

J'ai dit ça en m'illusionnant encore qu'il allait me dire, « c'est pas bien, c'est pas propre, si tout le monde faisait comme toi, la ville serait un tas d'immondices », mais je n'y croyais plus totalement.

— Une canette... sur un transformateur... Alexandre ? a-t-il répété en grimaçant.

Je n'ai pas aimé ce rictus qui voulait ressembler à un sourire et qui n'en était pas du tout un.

— Oui, m'sieur, et c'est ce qui a provoqué un court-circuit, je vous assure.

— Dis-moi, mon petit Alexandre Martineau, ta canette, ce n'était pas plutôt une grenade ?

J'ai sursauté même si son ton était paisible. Il m'aurait demandé si je préférais mon steak saignant ou à point, il aurait parlé avec le même timbre de voix, tranquille. Le chat était certain du carnage qu'il préparait. J'ai encaissé, mal, mais j'ai encaissé en déglutissant. Cette question, au fond de moi, je crois que je l'attendais.

— C'était une canette, m'sieur, je vous jure... Une canette de soda.

— Alors il va falloir que tu m'expliques pour l'explosion. Et il va falloir que tu me l'expliques très précisément, parce que là, ça commence à bien faire, et j'aime très modérément qu'on se fiche de moi !!!

Je sais que c'est impossible et qu'il a dû le tordre avec sa main tout en hurlant ainsi, mais j'ai eu si peur que j'ai pensé malgré moi que c'était son cri terrible qui non seulement m'avait fait reculer et me tasser un peu plus sur ma chaise, mais qui venait aussi de briser son stylo en deux morceaux.

6 

CE QU'ON NE DIT PAS...

Peser les choses. Faire gaffe, très gaffe à comment j'allais lui raconter les choses. Trier.

Inutile de le lui avouer, mais je lui avais un peu menti, au brigadier-chef Saint-Lazare, du moins, pas tout dit.

Ça ne le regardait pas.

Ce n'est pas un morceau de pelouse vide que j'avais visé avec ma canette, mais Fabien la Motte.

Pour mieux observer mon calvaire sur le Looping crazy fall, cet abruti s'était déplacé au pied d'un des rails des montagnes russes. Avec lui, traînaient sa bande et sa cousine, suivis de mes deux copains.

Je l'ai même vu me filmer avec son portable. Je suppose que si je m'étais mis à vomir ou à appeler au secours en pleurant, ce cochon se serait précipité pour partager mon désespoir sur les réseaux sociaux. Il serait incapable de s'en empêcher, même s'il m'avait juré de me respecter davantage et de me fiche la paix si je montais dans ce truc.

En le visant, j'espérais bien le blesser ou l'assommer. Après tout, cette canette qui me collait à la main et qui m'encombrait, c'était de sa faute. Cela aurait été comme un retour à l'envoyeur.

Sauf que, et là je n'ai pas raconté de bobard au policier, au moment de l'accalmie, mon tir a été dévié, et pas vers le transformateur électrique comme je venais de le lui raconter, mais vers la pelouse. Au moins à dix mètres de ma cible. Si j'ai aussi bien raté mon tir, ce n'est pas seulement parce que je suis un piètre lanceur, ni à cause du redémarrage de la machine, mais tout simplement parce que j'ai hésité.

J'avais eu trop peur d'atteindre Vanessa avec mon projectile. De cette hauteur, ça pouvait faire super mal... Sur la Motte, tant mieux, sur sa cousine ou sur les autres, pas question ! Vanessa m'aurait maudit pour le restant de mes jours.

La canette volante, elle est sur son film, à Fabien. J'en suis sûr. Mais pour rien au monde il ne fournira les images à la police.

Tout simplement parce que ce serait catastrophique pour lui.

Quand mon projectile a rebondi par terre, le gros bonhomme était bien là, accroupi à côté du transformateur dont la porte était ouverte. C'est Vanessa qui est allée ramasser la canette. Fabien continuait son tournage de film et en me fixant et en grimaçant. Il m'a montré la canette et a retourné son pouce vers le bas, histoire de me faire comprendre à quel point j'étais un nul. Fallait la voir, cette grimace d'un mec toujours si fier de lui. Une grimace comme une insulte, je veux dire, pas pour me montrer qu'il s'était bien brossé les dents ce matin. Et alors qu'il continuait à filmer et à se moquer de moi, Vanessa a balancé la canette, sans trop faire gaffe, derrière la haie de thuyas qui lui cachait le gros bonhomme et le transformateur. Le message était clair : pour lui et sans doute pour elle, j'étais de la même trempe que ce déchet dont elle venait de se débarrasser. Sauf que moi, d'en haut, malgré les tourbillons du Looping crazy fall, j'ai vu que le déchet à moitié plein de soda venait de tomber sur le transformateur électrique. Un truc que les caméras de surveillance de la Place d'Armes n'ont pas dû choper dans leur champ de vision. Tant mieux pour Vanessa. Mais moi, j'avais beau faire de grands signes et pousser de grands cris, pour leur faire comprendre qu'il y avait un problème, cet abruti de la Motte pensait que je hurlais pour descendre tant j'avais peur dans mon manège infernal.

Je hurlais de frousse parce que le transformateur a commencé à prendre feu. Une grosse fumée noire d'abord, puis des flammes, des petites, comme sur un gâteau d'anniversaire, mais sans la chanson. Des flammes qui ont atteint le gros bonhomme qui, immédiatement… a explosé. Je dis bien explosé. Mais quelque chose de costaud, pas juste un gros pétard de carnaval. Les morceaux du transformateur ont volé partout autour dans le ciel. Et aussi, je crois, la tête du type, mais ça, je ne veux même pas y repenser. Jamais de toute ma vie. J'ai vu la Motte et les autres projetés au sol par le souffle de l'explosion. Les morceaux d'acier et de plastique, il en pleuvait partout, vraiment partout, autour de moi aussi. Je me suis protégé le visage, mais j'ai parfaitement distingué la longue plaque d'acier voler en tourbillonnant et atterrir sur les rails des montagnes russes.

Je ne sais pas ce qu'il avait dans sa valise, au gros qui est devenu un puzzle sans tête, mais à mon avis, il ne transportait pas juste ses slips et ses chaussettes de rechange. Alors, quand je dis que tout n'est pas de ma faute, je ne raconte pas des salades vertes. Et je trouve qu'il a du bol ce cochon de la Motte, et Vanessa aussi, que je ne sois pas une balance. Un vrai bol en faïence avec son prénom gravé en gros dessus.

7

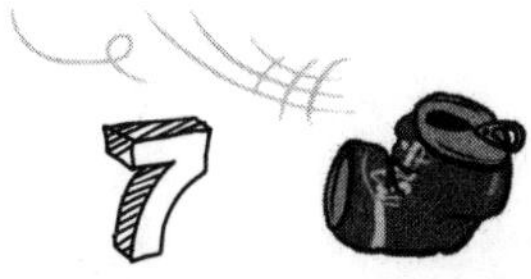

Ce qu'on dit...

— Et tu étais encore dans ton siège pas éjectable, au moment de l'explosion ?

— Ça se terminait, ou alors c'est le responsable du manège qui, au moment du souffle, a décidé de me faire descendre. En même temps, je vous avoue que je n'attendais plus qu'une seule chose, que ce calvaire se termine.

— Ouais... Tu es sûr que tu ne le connaissais pas, le type qui a explosé avec le transformateur ?

— Jamais vu de toute ma vie ! Je ne sais pas comment vous le dire autrement. Je ne comprends pas que vous reveniez là-dessus !

— Moi, je me comprends, Alexandre ! Qui t'a dessanglé de ton attraction ?

— Tant mieux si vous vous comprenez, m'sieur, tant mieux pour vous ! Je peux avoir un verre d'eau ?

— Tu réponds d'abord, a répliqué Saint-Lazare du tac au tac.

— Je me suis dessanglé tout seul. Le type qui m'avait installé avait été blessé par des éclats de verre, dans son poste de commande. Mais je peux vous dire que quand je suis sorti de ma nacelle, ça tournait sérieux, dans le genre complètement ivre. Mais je voulais foncer pour prévenir qu'il fallait arrêter le train des montagnes russes qui était déjà lancé. À cause de la plaque en acier sur les rails. Seulement, pour foncer, c'était pas gagné tellement je ne marchais pas très droit. J'ai perdu du temps.

— Tu as perdu du temps et tu as gagné une sacrée célébrité cet après-midi, Alexandre Martineau !

J'ai reçu sa réflexion comme une nouvelle baffe. Une grande gifle qu'il m'aurait envoyée sans prendre la précaution de retirer sa bague. J'ai tout de même eu le courage de dire :

— Et est-ce que j'ai gagné mon verre d'eau ? S'il vous plaît.

Pas sûr qu'il ait apprécié. Pas sûr du tout. Mais faute d'une autre baffe, une vraie, je veux dire, il a décoché une grimace et a daigné attraper son téléphone sur le bureau pour composer un numéro à deux chiffres.

— Robert... une bière pour moi, tu peux faire ça ? Une fraîche. Je suis loin d'en avoir terminé avec le gamin, ici...

Il allait raccrocher et m'a regardé, comme si brusquement il se souvenait de ma présence en face de lui.

— Et un verre d'eau aussi, il a ajouté. Merci, Robert.

Le brigadier-chef Saint-Lazare a continué à jouer avec l'appareil reposé sur son socle et, sans me regarder, a poursuivi.

— Et donc, en vrai petit héros, tu as voulu prévenir pour le train des montagnes russes.

— J'ai couru comme j'ai pu. Je vous l'ai dit, je n'étais vraiment pas frais, mais j'ai galopé au milieu des gens totalement paniqués par l'explosion. Mais le pire, c'est que certains pensaient qu'elle faisait partie des attractions de la foire.

— C'est-à-dire ?

— Les musiques de chaque manège continuaient à être diffusées et avec les cris des passagers, je pense que seuls ceux qui étaient à côté du transformateur et de la haie de thuyas se sont rendu compte qu'il se passait un truc grave, anormal. Moi, j'ai foncé parce que la plaque d'acier, d'en haut, je l'avais vue tomber dans un aiguillage, juste à l'endroit où le chariot sortait du double huit. Enfin, ça, je ne l'ai compris qu'après. J'ai bousculé tout le monde dans la queue des clients de l'attraction, j'étais de plus en plus paniqué en retrouvant mes esprits. Une fois arrivé vers le poste de commande, j'ai cherché un responsable, mais s'il y en avait un, je ne l'ai pas vu. Je me suis même mis à chercher un frein de secours, ou un bouton de ce genre. Un gros truc rond, un bouton rouge, comme pour certaines machines dans les ateliers, un bouton qui arrête tout en urgence. Je n'ai rien trouvé de ce genre. Au-dessus de ma tête, le train des voyageurs fonçait à toute allure, rempli. Rempli aussi de leurs cris. Il s'est engagé pour son grand plongeon et juste en remontant, il a déraillé et s'est envolé, en biais, au-dessus de la piste de stock-cars et d'autres manèges. Dans son vol plané, il a sectionné un pylône du Looping crazy fall dont j'étais descendu. Ça lui a fait faire un tonneau complet et il a atterri sur ses roues dans la galerie des glaces, au moins trente mètres plus loin.

— Trente-sept blessés, Alexandre ! Les dix-huit qui avaient pris place dans le train des montagnes russes, douze qui se trouvaient dans le labyrinthe de la galerie des glaces, et sept personnes qui attendaient pour y entrer ou qui avaient le malheur de se promener dans l'allée à proximité. Tu veux des détails des fractures, des traumatismes, des blessures ? Des coupures aussi, parce que vois-tu, la galerie des glaces, elle n'est pas en carton ! Alors, tu les veux, les détails ?

— J'ai juste jeté une canette de soda, moi, m'sieur ! C'est tout ce que j'ai fait !

Je les avais bien vus les éclats de verre. Partout. Jamais vu autant de débris de verre explosé, même pas dans *Piège de cristal* ! Et le boucan aussi, je l'avais entendu. Jamais vécu un truc pareil avec les cris et les pleurs en rab ! Enfin, du moins à ce moment-là, parce qu'après...

Et pour les détails, merci monsieur le Brigadier-chef, mais j'étais aux premières loges pour les voir...

Un policier en uniforme est entré dans le bureau, après avoir frappé, mais sans attendre la réponse de Saint-Lazare. Sur un plateau qu'il tenait à deux mains, tressautaient une chope vide et une canette de bière, et à côté, un verre d'eau semblable à ceux de la cantine du collège.

— Merci Robert ! a maugréé Saint-Lazare sans le regarder et en continuant à me fixer.

Le serveur, Robert, s'est cru super drôle en déposant le verre devant moi. En gloussant, il a dit :

— Je suppose que la bière n'est pas pour le gamin.

— Tu supposes bien, mon vieux ! Et puis une canette dans les mains de celui-là, ça peut vite se terminer en catastrophes.

Je n'ai pas relevé et, de peur qu'il m'en empêche sous prétexte de me poser une dizaine d'autres questions avant, j'ai attrapé le verre et l'ai vidé d'un trait. Ma gorge était si sèche, incandescente, j'avais tellement soif.

C'est bête, mais je n'ai pas pu m'empêcher de loucher dans le verre. L'habitude de la cantine sans doute. Au fond était gravé un 11 dans un cercle. Heureux hasard ? Je ne sais pas. Seulement, c'était mon âge et c'est super rare de tomber sur son âge exact, je suis sûr que c'était la première fois pour moi. Mais aujourd'hui, pour rien au monde je n'aurais pensé que j'avais de la chance. Pour me rassurer ou par réflexe, après avoir reposé le verre devant moi, j'ai plongé à nouveau ma main droite dans la poche de mon pantalon, juste pour toucher son contenu. Ça ne m'a pas rassuré du tout. Saint-Lazare, tout en jouant avec sa canette de bière qu'il faisait tourner dans sa grosse main, ne me quittait pas des yeux.

— Et l'incendie ?

— Ça va un peu mieux, merci m'sieur.

Comme un imbécile, j'ai cru qu'il s'inquiétait du feu dans ma gorge que ces quelques lampées d'eau avaient à peine adouci.

— Je répète ma question, et visiblement tu n'as pas compris que je n'aimais pas ça... L'incendie ?

Sa bague a cogné sur le plateau du bureau avant qu'il ne se décide à décapsuler sa bière.

C'était peut-être un tic à lui. Un truc nerveux qu'il n'arrivait pas à calmer.

— J'en ai marre ! C'est pas juste ! L'incendie, c'est pas plus ma faute que tout le reste.

J'étais moi-même surpris d'avoir osé lever la voix.

Comme il n'a pas réagi et ne se préoccupait que de remplir sa chope, j'ai repris, mais sur un ton plus calme et tellement fatigué.

— L'incendie, c'est parce qu'à côté de la galerie des glaces, ou de ce qu'il en restait, il y avait le stand d'un vendeur de pralines et de beignets. Je crois qu'il vendait aussi des burgers et des frites. C'était un grand, le stand, je veux dire pas une petite baraque de caravane de rien du tout. Et ce stand se trouvait à côté du tunnel des ténèbres.

— Tu m'en diras tant ! Et alors ?

— Et alors rien ! Les churros, les frites, les beignets, enfin tous ces trucs délicieux qui font grossir, ça se prépare pas à l'eau chaude. Il était plein d'huile de friture, ce stand. Le feu a pris, je ne sais pas trop comment, mais super vite. Dans le souffle, un chaudron en cuivre pour cuire les pralines a même volé au-dessus de ma tête et a atterri je ne sais pas combien de mètres plus loin. L'huile, en se renversant, a tout embrasé autour. Mais vraiment tout. Les serviettes en papier, les bidons d'huile, l'auvent du barnum, les... Je ne vous fais pas la liste des commissions, mais tout a cramé. Tout et super vite. Le feu s'est propagé au tunnel des ténèbres, en quoi ? Même pas deux minutes ! Et, ce tunnel, c'est que des décors en bois et en carton...

— Le tunnel des ténèbres ? a relevé Saint-Lazare après s'être accordé une nouvelle gorgée. Un peu de mousse lui dessinait une fine moustache sous le nez, mais je n'ai rien dit. Il aurait été capable de s'énerver sous prétexte que je me moquais de lui.

— C'est comme un train fantôme, mais on le fait à pied. Beaucoup de tissus aussi... du décor bricolé. Vous auriez vu comment ça a brûlé… Dingue ! Parce que même si c'est du décor, comme je le pense, c'est tout de même truffé de circuits électriques… Ça pétait de partout, là-dedans ! Un vrai feu d'artifice, les couleurs en moins, la fumée en plus. Et il s'est propagé plus loin au stock de munitions des tireurs de carabines et surtout à leurs bouteilles d'hélium, vous savez, celles qui servent à gonfler les ballons sur lesquels il faut tirer et que quand on en dégomme trois, ça offre un lot… Je ne vous raconte pas l'explosion géante qui a soufflé une partie des autres stands tout autour ! Un truc costaud de chez méchant.

— Pas une partie, Alexandre ! La quasi-totalité des stands ! Pour le moment on estime deux millions d'euros de dégâts. Deux cent trente-cinq blessés, dont quinze grands brûlés.

— Je ne dis pas le contraire, m'sieur, mais c'est pas ma faute si les peluches en acrylique du chamboule-tout crament aussi vite et fument autant…

— Pour ceux-là, plus de vingt personnes intoxiquées, Alexandre Martineau...

— Oui mais là, c'est aussi à cause de la piste des autos-tamponneuses ! Au plafond de ce manège, peut-être encore plus que dans les autres manèges, c'est que de l'électricité. Ça a dû aider pour propager l'incendie au parking de la foire...

— Ça a dû aider... ! Aider... Tu choisis bien tes mots, mon petit bonhomme ! Est-ce la peine que je te donne le nombre de voitures calcinées ? Et là, je ne parle pas des autos-tamponneuses, mais bien des vraies voitures, toutes garées sur le parking à l'entrée de la place d'Armes. Et toi, pauvre petit lapin perdu, tu te retrouves au milieu de tout ça...

Le chat se moquait de la souris, fallait pas avoir fait des études poussées pour le comprendre. J'ai tout de même répondu.

— Parfaitement, même si je ne suis pas un lapin. Et si j'ai dit « aider », ce n'est pas pour me moquer.

— Sans doute... il a murmuré d'une voix lasse et sûrement trop douce pour être sincère.

— Ce que je veux dire, c'est que c'est vraiment pas de chance si, sur le boulevard, juste au bord de la foire, alors que ça explosait de partout et que l'incendie se propageait à la vitesse d'un champion olympique du 100 mètres, un camion-citerne était en panne, ou en tout cas à l'arrêt. C'est sûr que ça n'a pas arrangé les choses...

— Et toi ?

— Quoi, moi ? j'ai répliqué sèchement.

Moi, j'avais encore soif, j'avais envie d'aller aux toilettes et je voulais rentrer chez moi. Mais je ne l'ai pas dit.

— Et toi, Alexandre Martineau ?

Saint-Lazare n'aimait pas répéter ses questions, il m'a fusillé du regard. Il a refait tourner sa grosse bague autour de son annulaire, mais ce coup-ci j'ai eu l'impression qu'il se massait la main, un peu comme on fait craquer ses doigts avant de balancer une tarte à quelqu'un.

Mon père faisait ça, parfois, avant. Avant que maman ne le menace. S'il levait encore une fois la main sur moi, elle le fichait dehors juste avec un slip de rechange et sa brosse à dents. Depuis, papa se contente de me gueuler dessus, fort, très fort, mais il ne me frappe plus.

— Toi, alors que depuis le déraillement du train des montagnes russes, tout le monde est totalement paniqué, tout le monde cherche à s'enfuir, à se protéger ; toi, au contraire, tu parcours la foire sur toute la longueur de la place d'Armes, en suivant les catastrophes les unes après les autres. Sur au moins trois cents mètres depuis ta nacelle de manège jusqu'au parking et au camion-citerne. Tu peux m'expliquer ? Parce qu'il va falloir arrêter de jouer les imbéciles Alexandre, tout ce que tu viens de me raconter, on le voit sur les images de télésurveillance de la ville. Mais le pourquoi tu te retrouves sur chaque pièce de ce puzzle de catastrophes, ça m'interroge sérieusement. Alors tu éclaires ma lanterne, et vite !

Je me suis étouffé.

Si j'étais une souris, je n'étais pas un sale rat.

J'ai réussi à protester :

— C'est quoi cette question, m'sieur ?! Vous pensez que c'est moi qui ai propagé les incendies et les explosions depuis la galerie des glaces ? C'est rien d'autre qu'un gros manque de chance, un très gros manque de chance ! J'étais là au mauvais moment et au mauvais endroit...

— Ça, c'est ce que tu dis !

— Ça, c'est ce qui est !

— Moi, je veux comprendre pourquoi, tu es le seul, je dis bien le seul, à parcourir toute la foire à toute allure, dans des allées qui évidemment se sont vidées, au lieu de tenter de te mettre à l'abri, comme n'importe quelle personne normale...

— Je suis un garçon normal, d'ailleurs, la preuve, c'est que j'ai besoin d'aller aux toilettes.

C'était nul, mais c'est ce que j'ai réussi à réclamer.

— La preuve de rien du tout ! Tu iras faire ta vidange quand j'aurai fait le plein des informations que je réclame, Alexandre. Pas avant !

Ça se voulait peut-être drôle mais ça ne m'a pas amusé. C'était aussi nul que les blagues de cette andouille de la Motte quand il se croyait irrésistible, c'est-à-dire à peu près tout le temps.

— Je cherchais mes copains...

— Tst, tst... a-t-il fait claquer sa langue dans son palais. Un peu trop léger pour moi, mon garçon.

8

Ce qu'on ne dit pas...

Léger ?

Il n'y avait rien de léger dans mon après-midi de malheur. Absolument rien !

Mais Saint-Lazare avait raison, et il sentait que quelque chose clochait. Depuis ma descente du Looping crazy fall et le décollage du train des montagnes russes vers la galerie des glaces, je n'avais eu qu'une chose en tête : tenter de retrouver Vanessa. C'était sans doute idiot. Comme n'importe quel visiteur normal de la foire, j'aurais dû chercher à sauver ma peau, à prendre la tangente et déguerpir loin de ces accidents en chaîne et de ces incendies qui se propageaient à toute allure. Mais moi, amoureux imbécile, je cherchais cette fille qui avait parfaitement senti qu'elle n'y était pas pour rien dans le démarrage de cette série de catastrophes. La Motte, son pleutre de cousin, son amie, leurs copains et les miens, je les avais tous vus se carapater en vitesse, le plus loin possible, dès qu'ils s'étaient relevés après l'explosion du type et du transformateur. Aucun d'eux ne s'était préoccupé d'elle. Vanessa je l'avais aperçue depuis ma nacelle, aussi figée qu'une statue de sel, totalement paniquée. Je me devais de la sauver. Parfois les mecs qui s'imaginent pouvoir jouer les valeureux chevaliers ne sont pas plus fins que les trouillards qui s'enfuient...

J'avais perdu sa trace après m'être précipité vers le manège des montagnes russes pour y dénicher de quoi tout arrêter en urgence, et la trouver dans cette foule était loin d'être gagné. Malgré tout, je l'ai cherchée dans la panique et le chaos phénoménal qui avançait, telle une vague, sur toute la longueur de la foire. Je ne sais pas à quoi cela ressemble, et j'espère bien ne jamais avoir à vivre ça, mais cette place d'Armes devenait une véritable zone de guerre. À la télé, aux informations, il faut être aveugle pour louper ce genre de scènes atroces, avec des explosions, des cris de panique et de terreur, des gamins qui cherchent leurs parents, les flammes que plus rien ne peut contenir, des gens qui courent dans tous les sens et qui piétinent les malheureux qui ont eu la malchance de trébucher.

Mais le plus dingue, peut-être, si quelque chose est plus dingue qu'une autre dans mon après-midi, c'est que je l'ai retrouvée, Vanessa.

Elle était là, sur un trottoir, errante perdue, à trente mètres du camion-citerne arrêté à une centaine de mètres des escaliers du Musée des Beaux-Arts. Si j'ai pensé qu'il était en panne, c'est parce qu'à cet endroit-là, c'est strictement interdit de s'arrêter. Je le sais, parce que la fois où on est venus en bus avec la classe pour visiter le musée, le chauffeur n'avait pas eu le droit de nous déposer là, et il avait dû nous faire descendre à l'autre bout de la place d'Armes.

Vanessa tenait son téléphone portable dans la main, et regardait l'écran, incrédule. Totalement hagarde, elle semblait ne plus se souvenir comment fonctionnait ce genre d'appareil. Aussi vite que j'ai pu, j'ai traversé le parking où les voitures s'embrasaient les unes après les autres. À aucun moment je n'ai pensé que j'allais sauter avec l'une d'elles. Inconscient, totalement inconscient du danger, je n'avais que Vanessa dans ma ligne de mire. Strictement rien d'autre. La peur m'avait totalement quitté, ou alors ne restait que ma peur pour cette fille qui ne me calculait jamais. J'ai hurlé son prénom pour qu'elle me regarde, mais il est possible qu'aucun son ne soit sorti de ma bouche, ou alors je me trompe, c'est elle que les explosions avaient rendue sourde.

Je crois, non, je suis sûr, que de ma vie, je n'ai jamais couru aussi vite.

Sans hésiter, dès que je suis arrivé à sa hauteur, j'ai attrapé Vanessa par les épaules et l'ai engouffrée avec moi vers un porche d'un bâtiment super luxueux, attenant au musée. J'avais hésité deux secondes avec l'entrée d'une bijouterie très classe donnant sur le trottoir. Mais ce genre de magasin possède un sas de sécurité et je doute que les vendeurs nous auraient ouvert s'ils m'avaient vu tambouriner en guenilles sur leur porte. J'ai choisi le porche et sa porte en fer forgée parce qu'un monsieur venait de s'engouffrer dans l'immeuble et qu'elle n'avait pas encore claqué derrière lui. Je nous ai précipités au fond du couloir de ce hall, le plus loin possible de la rue où ça continuait à péter et flamber à tout va. Et c'est là, alors qu'on était planqués derrière un escalier en pierre de taille, blottis l'un contre l'autre, que le camion-citerne a décidé de participer à la fête en explosant. Enfin, j'imagine, parce que non seulement je nous avais placés loin, mais surtout parce que j'ai fermé les yeux.

Franchement, me coller à Vanessa, j'en avais toujours rêvé, et pas qu'un peu, mais je n'avais jamais pensé que cela puisse se passer de cette manière et dans de pareilles circonstances. Je me suis couché sur elle et l'ai serrée aussi fort que j'ai pu, mais pas dans le style gros câlin d'amour. Cela ressemblait davantage à un plaquage de rugby, à la limite du meurtre par étouffement. Elle, je ne suis pas certain qu'elle se soit tout de suite rendu compte que c'était moi, Alexandre Martineau, l'ennemi juré de son cousin, le garçon qu'elle ne regardait jamais, qui la couvrait comme il pouvait de son corps et qui tentait de lui éviter d'être transformée en Jeanne d'Arc ou en macédoine de légumes. Parce que quand le camion-citerne a explosé, je peux dire que ça n'a pas fait que trembler les murs de l'immeuble. Loin de là.

L'épaisse porte en fer forgé que nous venions de passer a été propulsée sur l'escalier, et une porte blindée de la bijouterie qui donnait sur le hall a traversé celui-ci dans un fracas épouvantable avec déclenchement d'une alarme d'enfer, celle de la bijouterie et non loin, celle du musée qui n'avait rien à lui envier. Le mur des boîtes aux lettres, tous les chouettes miroirs, tout a été dévasté et le hall a pris l'allure d'un véritable champ de bataille, après la bataille.

En même temps, digne de celui d'un dragon, chargé de flammes et de fumées, le souffle de la déflagration est monté dans les étages et a arraché les portes des appartements, aussi facilement qu'il venait de défoncer toute la cage de l'ascenseur et sa machinerie. Sur ce coup-là, on a vraiment eu du bol, sauf peut-être pour nos tympans. Mais pour éviter la déflagration et tous les gravats qui ont plu partout, le meilleur endroit pour se planquer était sans aucun doute là, dans la poussière et derrière les épaisses marches en granit, exactement où je nous avais allongés, Vanessa et moi.

Sauf qu'il n'y a pas que des éclats de verre et de bois, des gravats et la porte blindée de la bijouterie qui ont volé dans ce grand hall de ce bel immeuble... Enfin, dans ce qu'il en restait.

9

CE QU'ON DIT...

Parce que je lui ai raconté, en quelques phrases précises le pourquoi je m'étais retrouvé dans cet immeuble, le brigadier-chef Saint-Lazare a daigné m'autoriser à aller aux toilettes.

Il m'a précédé dans un couloir étroit où s'affairaient ses collègues en uniforme ou en civil qui m'évaluaient comme si j'étais un dangereux terroriste international. Arrivé au bout, il a ouvert la petite porte d'un local toilettes minuscule, sans fenêtre, et loin d'être impeccable.

— Je t'attends dehors. Dépêche-toi ! m'a prévenu Saint-Lazare en prenant soin de maintenir la porte entrouverte.

Le temps que je me soulage, le temps aussi que, discrètement, je plonge à nouveau ma main dans ma poche de pantalon pour vérifier, pour vérifier encore, le brigadier est resté là, à deux mètres à peine, pour s'assurer que je ne cherchais pas à m'enfuir par l'aérateur percé dans le mur, qui avait à peine la taille d'une brique.

Ensuite, sans qu'il me propose de me laver les mains, nous sommes revenus dans son bureau pour reprendre nos places, l'un en face de l'autre, pour continuer son maudit interrogatoire.

— Donc tu vois cette fille, tu te précipites et tu l'embarques à l'abri. Admettons. C'est qui cette fille ?

— Une copine du bahut. Une fille que j'aime bien, ai-je résumé.

Inutile de lui donner plus de détails.

— C'est ton amoureuse ? il a demandé sans prendre la peine de m'adresser un sourire complice ou entendu.

— Une camarade du collège, je viens de vous le dire. Mais si un jour on sort ensemble, je vous envoie un texto, si vous insistez. Enfin, quand j'aurai réussi à négocier un portable avec mes parents...

Saint-Lazare m'a regardé d'un œil las et sec à la fois. Il a recommencé à jouer avec sa bague, comme s'il armait sa main. J'ai pensé qu'il hésitait à m'envoyer une baffe à travers la table qui nous séparait. En même temps, pour me décocher une torgnole, il fallait d'abord qu'il prenne soin de couper la caméra.

— La plus grosse panne de courant jamais vécue dans le centre de cette ville, le cœur historique de la cité totalement bloqué depuis des heures par un embouteillage gigantesque, tous les hôpitaux saturés de blessés et de brûlés, les casernes de pompiers de toute l'agglomération lancées dans un branle-bas de combat jamais vécu dans la région, des centaines de voitures calcinées, des dizaines de manèges de foire hors service, une vingtaine d'appartements dévastés et une bijouterie explosée dans un immeuble classé monument historique, le tout attenant au Musée des Beaux-Arts où un incendie a endommagé je ne sais encore combien de chefs-d'œuvre... Oui, tu as raison, Alexandre, tes parents te doivent bien un téléphone portable pour te féliciter pour tes exploits de cet après-midi. Si tu comptais être inscrit au livre des records, je pense que tu peux déjà leur envoyer ta photo, tu mérites la page de couverture.

J'ai encaissé, encore une fois. Il avait à nouveau fait allusion aux catastrophes, mais je ne suis pas certain qu'il l'ait fait pour m'enfoncer davantage, peut-être que c'était parce que son rôle de flic était de résumer la situation.

— M'sieur, j'ai juste jeté une canette de soda à côté d'une poubelle. C'est tout ce qu'on peut me reprocher, j'ai moi aussi résumé, à ma façon.

— Chanson déjà chantée, Alexandre.

— C'est la seule vraie et qui sonne juste.

— Que tu dis...

— Oui, je le dis. Et puis j'ai protégé ma camarade de classe.

— Et elle est où, cette fille ?

— Qu'est-ce que j'en sais, moi ? Je suppose qu'elle est rentrée chez elle. À mon avis, elle ne risquait pas de se payer un tour d'autos-tamponneuses...

— Tu te trouves drôle ?

Il n'a même pas cogné sur la table avec sa bague mais, étant donné la manière dont il m'a fusillé du regard, le cœur y était.

— Non, c'est pas drôle, m'sieur, vous avez raison, excusez-moi, c'est parti tout seul.

— Où est ta copine ? a-t-il répété.

— Comment voulez-vous que je le sache ? Vanessa était très choquée mais pas blessée. Les pompiers qui sont entrés dans l'immeuble à côté de la bijouterie et du musée l'ont récupérée. Moi, par contre, ils m'ont remis entre les mains des policiers dès que je suis sorti de l'immeuble. Ils rassemblaient les gens dans un angle sur la place d'Armes, à côté des véhicules des prompts secours et des ambulances. Et puis, c'est là qu'un type m'a reconnu. Ce n'était pas un témoin ou un visiteur de la foire mais l'homme qui m'avait sanglé dans la nacelle de son manège, le Looping crazy fall. Il s'est mis à gueuler à qui voulait l'entendre que j'avais balancé quelque chose depuis son manège, qu'il me reconnaissait, que j'étais responsable, enfin des trucs dans ce style.

— Je sais, mes collègues l'ont interrogé.

— J'ai envie de rentrer chez moi, m'sieur. J'ai rien fait d'autre que ce que je vous ai raconté depuis le début.

Le brigadier-chef n'a pas répondu. Il me fixait et j'ai voulu penser qu'enfin, il commençait à me croire.

À cet instant, deux policiers sont entrés dans le bureau sans frapper. Je dis policiers mais l'homme et la jeune femme qui l'accompagnait ne portaient pas d'uniforme.

— Je ne sais pas si tu vas rentrer chez toi ce soir, Alexandre Martineau, a fait le collègue de Saint-Lazare d'une voix rocailleuse de fumeur.

Ils n'avaient pas pu m'entendre depuis le couloir. J'ai compris immédiatement qu'ils avaient tous les deux suivi mon interrogatoire depuis une autre salle, sur un écran ou derrière une vitre sans tain.

— Nous avons des photos à te montrer, a déclaré la jeune femme, une jolie rousse au regard un peu éteint. Tu vas les regarder très attentivement et nous dire si tu reconnais l'un de ces hommes.

— Ça fait des années que je ne joue plus au « Qui est-ce ? ». Depuis le CE2 à mon avis.

— Ce n'est pas un jeu, Alexandre ! a répliqué la dame.

— Mais reconnaître qui ? Je suis allé à la foire pour m'éclater avec deux potes, et...

— ... et tu as éclaté la foire... m'a coupé Saint-Lazare.

— Et pas seulement la foire, a cru bon d'ajouter son collègue.

Inutile d'insister dans cette direction, ils étaient figés sur une seule idée.

— Et après, je pourrai partir ? ai-je demandé.

— On verra, ça dépend de ce que tu vas nous dire, m'a répondu la policière avec ce que j'ai voulu prendre pour un sourire d'encouragement.

Devant moi, elle a ouvert un dossier pour en tirer une dizaine de photos d'hommes pris de face et de profil. Tous avaient une trentaine d'années et vraiment, aucune de leur trombine ne me disait quelque chose. J'ai failli dire que le troisième bonhomme ressemblait un peu à mon cousin Jérémy, mais sans la barbe, et le quatrième avait, en cherchant bien, la même bouille que le poissonnier du Super U où on va faire les courses avec maman. Je me suis abstenu, visiblement l'ambiance n'était pas à la légèreté et je savais bien que ce n'était pas cela qu'ils voulaient entendre.

La jeune femme a dû sentir que j'allais abandonner et m'a demandé de me concentrer davantage, de prendre mon temps.

— Fais un effort, Alexandre, nous avons de bonnes raisons de penser que tu en as vu, ou croisé, au moins deux cet après-midi.

— Pourquoi, c'est qui ces types ? ai-je demandé tout en les détaillant à nouveau, l'un après l'autre.

— Regarde-les bien, s'est-elle contentée de répondre, en étalant mieux chaque photo sur le bureau.

Comme physionomiste j'ai toujours été assez nul. Parfois ça amuse maman, beaucoup moins mon père. Au remariage de ma tante Sylvaine, l'été dernier, je n'avais pas tout de suite reconnu mes deux cousines, Selma et Aline, il faut dire que pour la cérémonie elles étaient déguisées en Quality Street dans leurs robes lilas en dentelles, et coiffées comme des flamants roses. Mais là, en voyant Saint-Lazare muet et ses deux collègues attentifs à mon auscultation des dix portraits, j'ai senti qu'il fallait faire de gros efforts. Que je me surpasse.

— Non, je suis désolé, je ne vois pas, ai-je fait après avoir repris chaque photo, l'une après l'autre.

Et puis, juste au moment où j'allais les rassembler pour les rendre à la jeune femme rousse, quelque chose s'est décoincé.

— Si ! Lui !

Fébrile, j'ai désigné la sixième photo, celle d'un homme aux cheveux châtain foncé, massif et barbu. Il avait un peu le style bûcheron canadien, ou du moins l'idée que je peux m'en faire.

— C'est lui qui conduisait la camionnette d'où est descendu le gros électricien qui a explosé quand le transformateur a pris feu.

— Tu es sûr ? a insisté Saint-Lazare.

— C'est allé très vite, je ne l'ai pas vu longtemps mais je crois que... Oui, c'est lui, ou alors il a un frère jumeau. Et lui, là, ai-je ajouté triomphant, en sortant la neuvième photo du tas, c'est l'électricien. Mais il semblait moins gros quand je l'ai vu derrière le transfo.

— Marco Bajouras et Carlo Durtal ! a murmuré le collègue de Saint-Lazare de sa voix trop voilée.

— Vous les connaissez ? ai-je demandé bêtement, comme si brusquement, je faisais partie de leur équipe.

Ils se sont regardés tous les trois. Visiblement, je n'existais plus dans ce bureau. Je sais que c'est idiot, mais cela m'a un peu vexé sur le coup. Tout le temps de cet interrogatoire, je n'avais eu qu'une envie, qu'on me laisse rentrer chez moi et qu'on reconnaisse qu'au fond, je n'avais rien fait de criminel, et là brusquement, je devenais un simple témoin qui avait donné ses informations et qui ne servait plus à grand-chose.

La femme est sortie précipitamment de la pièce, armée de son téléphone et Saint-Lazare a décroché le sien pour dire simplement à son interlocuteur :

— Marco Bajouras... Il est sur le coup ! Vous mettez tout le monde en chasse... Toujours rien au sujet du vol d'un camion-citerne ? ... Et bien vous cherchez encore et vous trouvez ! ... Bajouras et Durtal avaient sans doute un troisième complice, mais on ne sait pas encore de qui il s'agit. On a toutes les raisons de penser que c'est lui qui a garé le camion devant le musée... Lui aussi doit être dans la nature et il vaudrait mieux que ce ne soit pas pour longtemps. Durtal a explosé, mais les deux autres pourraient avoir très envie de recommencer : leur attentat a foiré.

Un attentat ?!

En entendant cela, tout est allé très vite dans ma tête, j'ai repensé à l'homme qui était rentré dans l'immeuble à côté de la bijouterie juste avant Vanessa et moi. J'étais incapable de me souvenir si c'était lui qui était descendu du camion. Je ne l'avais aperçu que quelques secondes et de dos. S'il faisait partie du trombinoscope qui était dispersé sur la table, j'aurais été bien en peine de le désigner.

Un attentat ? Brusquement les allusions de Saint-Lazare à des terroristes ont pris leurs sens.

— Ils voulaient attaquer le musée ou la bijouterie ? Ou les deux ? Ou la foire ? j'ai demandé dans le bureau quand Saint-Lazare a raccroché.

— De quoi tu parles, Alexandre ?

— Des explosifs ! C'est ça qu'il cachait dans sa valise ou autour de sa taille, le bonhomme du transformateur ?

— Comment tu sais ça, toi ?

— Je regarde des films, et je suis sûr que les bandits regardent les mêmes. C'était pas normal qu'il explose aussi vite, ce type. Je dis ça, c'est une supposition, mais dans ce cas, ma canette, ma petite canette de rien du tout, elle l'a empêché de faire un carnage.

Il m'a regardé en plissant les yeux.

— Et tu veux que je te félicite ?

— Je veux juste qu'on me laisse partir et que vous me disiez si j'ai fait échouer un attentat.

Le brigadier-chef et son collègue se sont regardés un moment qui m'a semblé très long. On aurait dit qu'ils n'étaient pas encore décidés à me répondre.

C'est celui à la voix rocailleuse qui s'y est collé alors que le téléphone de Saint-Lazare sonnait.

— Tu as probablement évité un terrible attentat en mettant, sans le vouloir, hors d'état de nuire l'artificier de la bande alors qu'il s'apprêtait à placer des explosifs dans la foire, au musée et sous le camion-citerne.

— Redites-le m'sieur, s'il vous plaît.

— N'en demande pas trop, Alexandre, a fait Saint-Lazare en raccrochant. Tu veux que je te montre des photos de la place de la foire ?

— Si, je vous en prie, redites « sans le vouloir », juste pour la musique des mots, j'ai insisté. C'est le seul truc sympa auquel j'ai eu droit depuis que je suis enfermé ici...

— Fais pas trop le malin, Alexandre Martineau ! Ta mère vient d'arriver !

— Alors dites-le lui à elle aussi que je n'ai rien fait de mal. Sinon, je ne vous dis pas la danse de malade que je vais me prendre en rentrant à la maison. Et je suis sûr que si papa m'en balance une, je pense que maman sera d'accord avec lui. Alors dites-le à ma mère !

*

Il s'est contenté de préciser à maman que j'avais été interrogé comme témoin, et non comme coupable, et a tenté de lui répéter que je les avais bien aidés dans une enquête pour déjouer un attentat en ville cet après-midi. Il aurait pu faire mieux, mais je passais tout de même de dangereux criminel à involontaire serviteur des forces de police. C'était déjà pas mal étant donné la manière dont j'étais arrivé ici tout à l'heure. Je l'ai joué modeste, histoire de ne pas faire regretter à Saint-Lazare ce qu'il s'efforçait de raconter à maman pour la rassurer.

Afin de m'éviter de passer devant les journalistes qui attendaient toujours devant le commissariat, il nous a fait sortir par le parking à l'arrière du bâtiment, dans une voiture de police banalisée. C'est ainsi qu'on nous a ramenés chez nous. Pendant tout le trajet, ma mère m'a saoulé de questions et je me suis contenté de lui expliquer que j'avais juste été aux premières loges quand un bandit avait explosé avec ses bombes à la foire et que pour cette raison, la police avait eu besoin de mon témoignage. Pas un mot sur la canette, ni sur Vanessa qui l'avait balancée, encore moins sur ce que durant tout le trajet du retour j'ai serré bien fort dans la poche de mon pantalon pour vérifier que je n'avais rien perdu.

10

Épilogue
Ce qui ne se dit surtout pas...

Elle a mis deux jours à venir me parler. Deux jours pendant lesquels je bouillais d'impatience.

Enfin !

Elle m'attendait à la sortie du collège, ce vendredi après les cours. À l'arrêt de bus à côté de la grille d'entrée. Elle me guettait et dansait d'un pied sur l'autre, comme si elle était tiraillée par une terrible envie d'aller aux toilettes.

— Alexandre, tu veux bien qu'on rentre ensemble ? Je voudrais te parler. Seule à seul... elle avait ajouté.

Évidemment, j'ai dit oui, en essayant de ne pas lui faire sentir à quel point j'étais heureux d'une pareille invitation.

*

Nous sommes assis sur un banc du parc Cerpe, à quelques pas de la fontaine Wallace qui coule, imperturbable, sans se préoccuper de la gêne de Vanessa qui n'arrive pas à se lancer.

Je ne peux pas dire que j'adore la voir aussi mal à l'aise et hésitante mais en même temps, pour une fois que c'est elle qui réclame ma présence et qui hésite, je ne vais pas gâcher mon plaisir de la laisser mariner un peu. Je ne compte pas lui mâcher ses phrases, elle me doit bien ça.

Nous n'avons jamais été aussi proches, elle et moi, sauf il y a deux jours derrière l'escalier en granit.

— Je voulais te remercier...

Ah quand même !

Elle a mis du temps, je trouve, mais elle a fini par le dire. C'est pas rien !

— Remercier de quoi ? je demande, l'air faussement surpris.

Je savoure.

Qu'une fille de cette trempe, si sûre d'elle, si méprisante parfois, me parle ainsi, ça se savoure avec gourmandise.

Je lui ai tout de même sauvé la vie. Ça mérite ce genre de moment dont j'ai toujours rêvé avec elle.

— De ne pas m'avoir dénoncée aux policiers. De ne pas leur avoir dit que c'était moi qui avais jeté la canette qui a déclenché l'incendie et l'explosion.

J'avale ma salive pour encaisser tant je suis surpris.

Les journaux n'ont pas parlé de moi dans leurs articles. Sans doute, Saint-Lazare et ses collègues ont-ils voulu me protéger. Les articles racontent un concours de circonstances incroyable qui a empêché le fameux Carlo Durtal et ses complices de mener à bien leur attentat qui visait la foire et le musée. Ils ont parlé, en détail, des dégâts matériels toujours pas chiffrés, mais répètent qu'aucun mort, à part le terroriste n'était à déplorer ce mercredi, quand des centaines de visiteurs de la foire ou du Musée des Beaux-Arts auraient pu se transformer en victimes. Ils racontent aussi l'arrestation de Marco Bajouras et de deux autres malfrats dans une villa en banlieue nord de la ville.

— Ah... oui. Tu voulais me remercier pour ça ? je réussis à articuler, sincèrement déçu.

— Oui, et puis je voulais aussi te dire...

Nous y voilà. Le sauveur va récolter ses lauriers !

— Enfin, je voulais plutôt te demander...

— Je t'écoute, Vanessa, je souris pour l'encourager.

— Quand tu m'as protégée dans l'immeuble...

Elle hésite.

— Oui ?

Elle va dire que je suis incroyable, génial, exceptionnel. Que je l'ai impressionnée quand tous les autres l'avaient lâchement abandonnée. Qu'elle me réserve dorénavant une place de prince dans sa tête, dans son cœur, mieux, dans sa vie.

— Vas-y, Vanessa !

— Tu t'es allongé sur moi, je crois me souvenir... Tu en as profité ?

Je sursaute.

Comment une fille aussi craquante peut-elle devenir brusquement aussi désolante ? Je croyais qu'elle allait me parler de mon incroyable courage, de mon sacrifice pour elle, de ma trouille de la voir mourir.

— Profité ? Profité pour quoi ?

— Ben, pour m'embrasser, pour me coller ? Enfin un truc de ce style.

La fontaine Wallace se mettrait à faire couler du chocolat chaud ou du whisky, je ne serais pas aussi surpris que je le suis par sa question.

— Non, je ne t'ai pas embrassée ! J'aurais dû ? je réponds sèchement.

Elle m'énerve. Ça y est, elle m'énerve.

— Ni non plus remonté le pan de ta robe pour regarder la couleur de ta culotte ! Tu sais que ça pétait de partout, qu'il y avait eu le feu et que j'ai été recouvert d'éclats de verre et de ciment pour que tu ne te retrouves pas assommée, si c'est pas pire. Je ne te parle même pas de la terreur effroyable qui s'était emparée de tout le quartier.

— Oh là, du calme. À mon avis tu exagères parce que sinon, tu aurais été toi-même assommé ou blessé ou même brûlé.

J'encaisse. Mal, mais j'encaisse.

Inutile de lui décrire l'état de mes fringues, de mon visage, de tout mon corps éraflé quand les flics m'ont mené devant Saint-Lazare. J'ai encore, sur le cou, le pansement que maman m'a refait ce matin.

Le slogan publicitaire de l'affiche où elle souriait affirmait qu'à la foire, on s'éclatait tout le temps. C'était la seule chose qui soit vraie, mercredi dernier. Pour s'éclater, ça avait vraiment éclaté ! Tout le reste ne semble plus que du mensonge, et plus encore sa question au sujet de mon comportement.

Inutile de lui décrire la fille totalement paumée qui aurait été soufflée comme une vulgaire brindille par l'explosion du camion si je l'avais laissée errer sur le trottoir à côté du musée, et si je ne m'étais précipité pour l'entraîner dans cet immeuble. Elle ne comprendrait pas. Même si j'appelais Saint-Lazare pour lui demander de m'arranger l'affaire, elle serait capable de s'imaginer qu'il en rajoute ou qu'il est de mèche avec moi.

C'est décidé, toute merveilleusement belle qu'elle soit, cette fille ne me mérite pas.

Je me lève du banc en ramassant mon sac.

— Tu t'en vas ? elle demande, surprise.

Une vedette comme elle ne doit pas comprendre quand un garçon tel que moi ose sortir de sa cour, encore moins quand il le fait sans demander la permission.

— Tu voulais me dire autre chose ? Je t'assure, je n'en ai pas profité pour t'embrasser si c'était ça ta plus grosse inquiétude. Salut Vanessa, bon week-end.

Ne rien dire d'autre, surtout pas.

Ne rien dire au sujet des bijoux...

Surtout pas à elle, alors que j'étais sûr, il y a moins d'une heure, que c'était la seule à qui j'aurais eu envie d'en parler.

Tout est à sa place.

Je traverse le parc Cerpe en observant les autres promeneurs de cette fin d'après-midi. Les enfants à qui des parents offrent les goûters achetés à la boulangerie après être allés les récupérer à la sortie des écoles. Les restes des croissants ou des pains aux raisins iront nourrir les canards et les cygnes qui n'attendent que ça. Sur les pelouses, des étudiants refont le monde ou révisent leurs cours, d'autres amoureux enlacés révisent leurs baisers et leurs caresses en retardant au maximum le moment de rentrer chez eux. Passent des poussettes et des trottinettes, s'égarent des ballons shootés trop fort. Tout est parfaitement à sa place.

Je repense à notre quart d'heure interminable planqués sous l'escalier du hall. À ma peur que ma vie et celle de Vanessa s'arrêtent brusquement. Je repense aussi à l'explosion de la porte de la bijouterie et au petit coffre en acier qui avait été projeté à quelques centimètres de mes pieds. Sur le moment j'avais cru à un gravât calciné, je me trompais. Le couvercle de ce petit caisson avait été tordu par le souffle de l'explosion et au milieu des éclats de verre et de pierre, j'ai distingué ce qu'il contenait. Sans cesser de protéger Vanessa, je n'ai eu qu'à tendre ma main droite, à piocher dedans, et les six bagues serties de diamants et de saphirs se sont retrouvées dans la poche droite de mon pantalon.

Ensuite, d'un violent coup de pied, j'avais éloigné le coffre vide de la proximité de l'escalier, et des débris de pierre et de verre et une tonne de poussière aussi s'étaient chargés de le recouvrir pour lui fabriquer un linceul.

Après, je ne sais pas combien de temps s'était écoulé, mais sur le moment, juste avant que ne débarquent les pompiers, j'avais décidé que le hasard, qui s'était vraiment fichu de moi tout l'après-midi à la foire, venait de décider de me dédommager en m'offrant ces bijoux hors de prix.

C'était normal après tout.

À aucun moment, mercredi, Saint-Lazare ou ses collègues ne m'ont demandé de vider mes poches.

Ma chance.

J'avais bien le droit à un coup de bol, au milieu de toutes ces catastrophes accumulées. Parce que franchement, je n'en avais pas eu beaucoup de cette fichue journée...

Je sors du parc Cerpe et m'engage sur le boulevard Rabelais. Les camélias plantés sur les trottoirs explosent en fleurs et le printemps promet d'être généreux cette année. Les voitures s'arrêtent au feu rouge et les piétons traversent quand le petit bonhomme passe au vert. Tout semble parfaitement à sa place.

Ce ne sera donc pas à cette pimbêche de Vanessa que j'offrirai une des bagues qui sont à présent bien planquées chez moi dans le fond de mon armoire, derrière une plinthe du mur.

J'ai le temps pour trouver à qui je les offrirai.

J'ai toute la vie pour ça.

L'Auteur

Hubert Ben Kemoun vit à Nantes sur les rives de la Loire. Auteur de livres de jeunesse depuis plus de trente ans, il a également écrit beaucoup de fictions dramatiques pour la radio, des pièces de théâtre et des comédies musicales.

Pour que les filles le remarquent au collège et au lycée, il a monté autant de groupes de rock qu'il y avait de copines à séduire (chacun fait comme il peut) et ça ne marchait pas trop mal...

S'il est l'auteur aujourd'hui de plus de deux cents ouvrages en littérature jeunesse à partir de 3 ans, l'adolescence et le roman noir sont des îles essentielles du vaste archipel où il adore faire accoster sa plume.

Du même auteur chez Flammarion Jeunesse

- *Les fins de moi sont difficiles*
- *La fille seule dans le vestiaire des garçons*
- *La fille quelques heures avant impact*
- *Ma mère, la honte*
- *Blues en noir*
- *Seuls en enfer*
- *La Gazelle*
- *Piégés entre les murs de la nuit*
- *Piégés dans le train de l'enfer*
- *Piégés sur le bateau maudit*
- *Prise d'otages à la Bastille*
- *L'Heureux gagnant*

NORD COMPO
multimédia

Composition et mise en pages
Nord Compo à Villeneuve-d'Ascq

Achevé d'imprimé en septembre 2024
à Barcelone par CPI Black Print

Dépôt légal : février 2024
N° d'édition : 649941-1
Loi n° 49-956 du 16 juillet 1949
sur les publications destinées à la jeunesse